W0226534

Direction : Guillaume Pô
Direction éditoriale : Tatiana Delesalle
Édition : Julie Cot
Direction artistique : Chloé Eve et Ambrine Angaud
Mise en pages : Florie Briand
Illustrations : Coline Girard
Textes : Gilles Diederichs
Direction de fabrication : Thierry Dubus
Suivi de fabrication : Sonia Romeo
1re édition - N° d'édition : M22046
ISBN : 9782317029110
Code MDS : MN29110

Achevé d'imprimer en janvier 2022
par Er-Ay en Turquie

Dépôt légal : février 2022
www.mangoeditions.com

L'éveil à tout âge

Un job 24h/24 !

De 0 à 3 ans, votre enfant commence à découvrir le monde qui l'entoure. Il cherche la maîtrise de ses capacités jour après jour, et met au point ses propres repères. Il est très dépendant de vous en toute chose mais va vers le même but, que ce soit à 6 mois ou à 2 ans et demi : exprimer qui il est et comment y arriver ! Chacune des 30 activités peut facilement s'adapter au moment de croissance de votre enfant. Des pistes vous sont données à cette fin, dans chaque fiche. Motricité, retour au calme, éveil, construction de la communication, moments détente... tout a été pensé pour « soulager » les devoirs et sollicitations en tout genre du quotidien. Eh oui, vous allez parfois dépendre des besoins de votre enfant : les premiers biberons de nuit, les dents qui poussent, un début de toux... tout cela peut perturber un programme bien établi, sauf si vous prenez comme facteur possible ce genre de situation. Vous allez devoir devenir un peu compositeur du temps présent, vous adapter. Au quotidien, une foule d'impressions et de réalités diverses vont aussi vous stimuler, parfois vous crisper mais toujours vous pousser à mieux vous connaître. Un enfant qui a la possibilité de découvrir son père en passant du temps avec lui possède un socle émotionnel plus varié et plus riche.

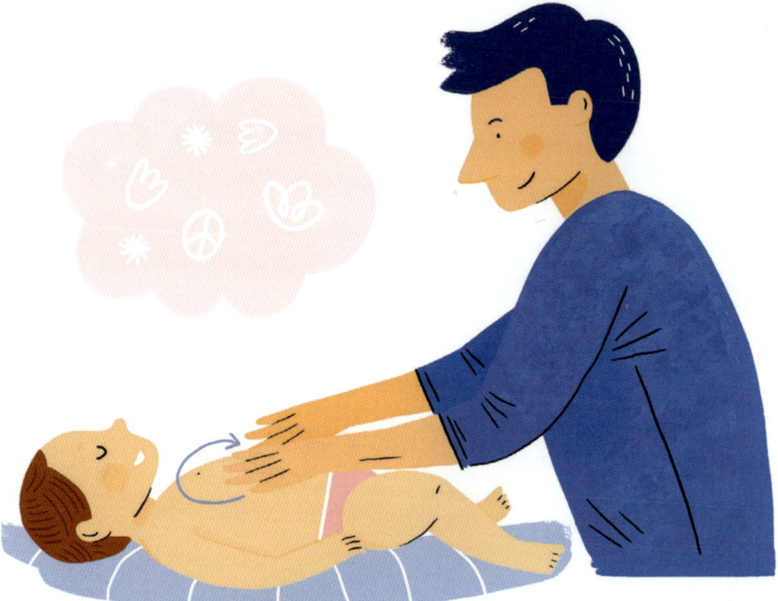

Préventif, curatif et inattendu

De la nécessité du détachement juste !

Prévoir, penser à l'avance, posséder une vision à long terme, oui, bien sûr, c'est parfait ! Une partie des activités est basée sur ce principe et vous évitera bien des mauvaises surprises, permettant même de mieux gérer vos efforts. Des soins sont aussi disponibles afin de répondre dans l'urgence à des situations qui pourraient dégénérer. Et puis, il y a l'inattendu de la vie, les événements qui ne sont inscrits dans aucun livre ! On y a pensé en vous formant pour être papa Bouddha grâce à plusieurs activités. Prenez conscience de ceci, et sans culpabilité : l'impermanence existe, rien n'est stable, c'est un principe de réalité. Plus vous serez en forme, avec des ressources, mieux vous y répondrez ! Pas de superhéros ici, juste un papa ! Penser à vous contrôler physiquement, émotionnellement et mentalement est une de vos bases de vie dès maintenant ! Auto-coach papa, ça existe.

Papa un jour, papa toujours !

C'est un rôle à vie que vous venez d'endosser !

Tout se joue dans la qualité de la présence, donc votre disponibilité intérieure est primordiale. Au sein de la famille, papa se comporte d'une certaine façon : une odeur, une manière d'être, des émotions… Son cheminement commence dès les premiers jours de la grossesse, il continue après la naissance, s'affirme ensuite au quotidien. On devient papa jour après jour ! Naturellement, il a ses coups de mou, en fait trop ou pas assez, et puis il a ses instants justes et précieux. Bref, il s'éduque quand l'enfant est là. L'avantage des nouveaux congés paternité, c'est qu'ils invitent à s'investir très rapidement dans cette période charnière de l'après-naissance. Le père donne le biberon après l'avoir lui-même réalisé, assume les changes et les lessives, va faire les courses en s'organisant à l'avance… Par rapport aux générations passées, l'investissement du père est bien plus important. Ces 30 fiches vont être utiles dans cette période et aussi après. Papa affine ses perceptions, crée son monde intérieur de père en entrant peu à peu dans la créativité, répondant aux obligations du matin au soir. Observer et améliorer la motricité de son enfant, lui apprendre ce qu'est l'alimentation, s'occuper de ses siestes, comprendre comment réagir face à la tristesse ou aux différents maux que vit son enfant… Le père cherche aussi de nouvelles sources d'inspiration car il manque parfois d'idées, c'est bien normal. Ouf, les activités sont là ! Papa, c'est une colonne masculine dans la famille, avec sa part féminine de créativité qu'il révèle en s'occupant et jouant avec son enfant. Il soulage maman et l'aide à tenir le coup ! Papa reste papa même si l'enfant n'est pas présent car c'est à vie que se travaille ce rôle.

L'autorité

Maintenant, un coup de projecteur sur l'autorité : elle se fait très simplement, si les parents tiennent le même discours à l'enfant. Vous êtes parents et non copain ou copine. Très rapidement, votre tendre bout de chou va décoder lequel des deux est enclin à lâcher les rênes le premier ! Alors, il y a des décisions à prendre qui ne plairont pas, mais qui obligeront votre enfant à appliquer des règles. Ce type de gêne émotionnelle que chacun peut ressentir, en se disant qu'il contrarie ou qu'il fait mal, doit être mise de côté. Dès que votre enfant entrera en maternelle, le règne de l'image, les réseaux sociaux, les marques… vont lui faire tourner la tête. Il deviendra plus exigeant et, quelque part, sera en quête de réponse, d'autorité. Un cadre structuré se cultive donc dès les premiers âges. Après, tout va très vite et il est plus difficile de changer la donne. Retenez que l'autorité, c'est une construction à deux, dans le même langage.

Papa et ses fiches !

Comment choisir les activités à réaliser ? L'idée est que, comme pour un compositeur, il faut d'abord connaître les gammes avant de pouvoir totalement improviser. C'est la récurrence des activités qui fera que vous pourrez ensuite tenter d'aller encore plus loin dans le développement proposé par les fiches, vous aventurer facilement avec un total détachement quant au stress, au doute et au manque de confiance que vous pourrez parfois ressentir. Toute cette initiation est indispensable pour se construire en tant que papa. Au début, vous testerez ou chercherez un thème précis pour être tout de suite réactif. Il n'y a pas de règle absolue : vous pouvez tout de suite vous sentir plus à l'aise avec certaines activités que d'autres, de même certaines plairont tout de suite à votre enfant. Le mieux est de prévoir chaque jour une activité, comme un rendez-vous quotidien de savoir-vivre avec votre enfant.

Le vent qui fait partir les bobos

> Papa dans l'instant

L'idée C'est une manière d'adoucir ou d'apaiser sur le moment même. Il peut s'agir d'un mal de dent, de ventre, d'un choc physique ou émotionnel...

Avantage Apporte du recul à l'enfant sur la douleur.

Matériel Rien de particulier.

Lieu Un endroit calme dans la maison.

- Dès que le bobo survient, changez-vous en « monsieur vent à bobo ». Il adoucit tout, il parle tranquillement, cajole, rassure avec ses mains. Vous agirez de la même façon avec bébé.
- Prenez si possible l'enfant sur vos genoux, sinon placez-le à côté de vous. Demandez-lui d'indiquer où se situe sa douleur. Même si elle est émotionnelle, faites-lui cibler sur son corps l'endroit où il a mal.
- Frottez vos paumes de mains l'une contre l'autre. Une fois chaudes, posez-les sur l'endroit du bobo. Monsieur vent à bobo souffle doucement avec des passes magiques, en tourbillonnant, en passant dans un sens puis dans l'autre... Captez l'attention de votre enfant, devenez convaincant, le bobo va partir, pour sûr !
- Avec votre « pince magique », l'extrémité de l'index et du pouce, prenez le bobo et lancez-le dans la poubelle du ciel. Hop, disparu !
- Apprenez à votre enfant à faire de même, c'est-à-dire à s'autosoigner en devenant « monsieur vent à bobo ».

Évolution : *Dédramatisez le bobo : ça arrive dans la vie, on en apprend des choses. Avec bébé, posez sur son ventre vos mains chaudes et massez-le afin de l'apaiser.*

Les cartes

Cinq catégories de six activités sont disponibles. Il vous faut préalablement en prendre connaissance, histoire de connaître les différents thèmes. Voici le mode d'emploi, très simple.

Une fiche a toujours la même structure :

• Un thème précis, relié à une catégorie. Par exemple, « le vent des bobos » dans la catégorie « Papa dans l'instant ».

• L'idée générale qui doit s'appliquer : « adoucir l'impact du bobo et y remédier ».

• L'avantage : « apporter une solution de recul dans l'instant, un mieux-être ».

• Le matériel demandé : ici, votre souffle.

• Le lieu : là où l'action se passe.

• La progression de l'activité expliquée en plusieurs phases, généralement quatre.

• Évolution de l'activité : comment la développer davantage.

liste du jour :
- ranger les jouets
- préparer le repas
- lire une histoire
- aller au lit

Papa réagit dans l'instant (cartes orange)

La trousse de secours dans l'instant par « papa secouriste » !

Dans certaines situations, vous devez réagir dans l'instant. Votre enfant se cogne, a peur, un gros moment d'émotion pointe son nez, le stress s'accentue... Ouf ! Différentes formes d'intervention sont disponibles. Vous pouvez les appliquer à la lettre ou vous en inspirer afin de les adapter à votre enfant selon son âge. Ces fiches vous offrent un moyen de réagir très simple (des exemples supplémentaires ou des prolongations sont disponibles). En le mettant en œuvre, vous allez l'adapter à la situation, et c'est le but. L'important est d'être réactif, votre enfant doit sentir que vous êtes à ses côtés. Même si vous n'avez pas réponse à tout, qu'il y a parfois échec, vous devez faire face au moment difficile. C'est une des bases de votre éducation de père : on reste présent et on affronte le mieux possible le problème. Vous apprendrez à quitter votre costume de super héros pour celui de papa en apprentissage, qui sera beaucoup plus simple à gérer. Mieux vaut une réaction sans réelle portée qu'un grand vide où l'on ne distingue rien : l'enfant a horreur du vide émotionnel, cela le panique.

Les six activités proposées sont :

Calmer les moments de panique : c'est là où la douceur du père est nécessaire, elle est enveloppante. L'odeur de papa, son côté tactile, sa présence bienveillante, rassurent l'enfant.

Exprimer ce que l'on ressent : trois solutions, le dessin, le conte, la relaxation, sont proposées pour faciliter l'expression du mal-être que l'enfant peut ressentir. L'important est qu'il trouve le moyen pour s'exprimer ou faire comprendre.

Le vent des bobos : papa est magicien, il est maître du vent qui console, apaise le bobo, qu'il soit physique ou émotionnel. La prise de recul sur le mal-être pourra alors s'effectuer.

Les bisous qui rassurent : vous ne capterez pas toujours les signes de peur et d'angoisse de votre enfant. L'« amour » est ici mis en valeur et sert de fondation à un retour au calme, à la lucidité. C'est le moyen le plus efficace dans l'instant.

Fluidifier les paniques possibles : le rendez-vous chez le pédiatre, le dentiste ou la venue de la nounou pour la soirée, autant d'occasions de faire du préventif en informant l'enfant auparavant.

Le déstress : des pistes de déstress immédiat, pratiques pour réguler la nervosité dans l'instant et éviter les montées de colère ou de violence.

Papa s'organise (cartes bleues)

Les obligations en gestion, mode « facile, je gère ! »

Plus vous êtes organisé, plus vous avez d'énergie pour gérer le quotidien. Des tas de détails engendrent souvent des stress évitables que le papa finit par payer à un moment ou un autre. Ne cherchez pas la perfection, mais apprenez à répondre à des demandes très ciblées en anticipant au mieux. Pourquoi se fatiguer alors qu'il y a tant à faire et que la perte de temps et d'énergie est facilement évitable ? Le weekend peut ainsi servir à faire un point avec la maman, histoire d'encore mieux cibler forces et faiblesses pour améliorer le quotidien. Voici les activités indispensables aux grands moments de la journée, qui demandent que vous y pensiez en amont. Un frigidaire plein, du rangement régulier... vous trouverez ici votre pense-bête journalier !

La chasse au trésor dans les magasins : grand classique du stress familial. Désormais vous préparez à l'avance vos menus, en concertation avec votre enfant. Du coup, pas de caprice sur place !

La préparation des repas : une manière de faire découvrir sous forme de jeu l'alimentation à son enfant. Une participation calme qui donne une vraie valeur à chaque ingrédient.

Le petit tchou tchou du rangement : une manière simple et efficace de ranger progressivement, avec deux étapes possibles, fin de matinée et soirée. Pour éviter l'horizon bouché...

La douche à glouglou : une activité pour habituer votre enfant à préférer la douche (moins vorace en eau) au bain tout en apprenant à se détendre grâce au massage avec le jet de la douchette. Idéal aussi pour apprendre le schéma corporel.

Habiller son enfant avec le conte de l'ours : l'idée est d'apporter de la concentration dans ce moment clef. Le conte de l'ours, facilitant l'habillage ou le déshabillage, y remédie.

Les trucs à connaître : langage et communication, motricité, rot et sieste... un petit agenda des choses à ne pas oublier, avec des idées d'activités simples à la clef.

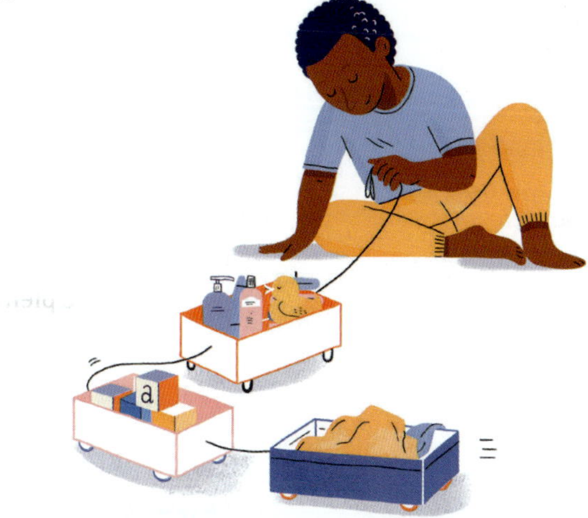

Papa Bouddha (cartes vertes)

Tout ce qu'il faut pour que papa cultive l'art du Zen !

Le meilleur moyen de ne pas craquer à court ou long terme, c'est d'inclure dans vos activités des moments privilégiés afin de récupérer, de recharger vos batteries. Cela peut s'effectuer de différentes façons, par une sieste ou une économie de mots... Le principe est simple : vous alléger de tout, régulièrement. Un papa calme a plus de poids dans ses prises de décision. S'il est à 100 % de sa forme, il est plus juste car la clarté mentale est là ! L'enfant a besoin de vous connaître aussi en mode « silencieux et réfléchi ». Vous devez donc faire un point hebdomadaire avec vous-même, afin d'observer là où vous vous sentez dépassé, lassé ou au contraire là où vous excellez. Tout demande du temps mais peut s'améliorer. Tous les papas passent par des périodes de questionnement, de doute, qui l'aident à grandir au final. Assurez votre gestion du temps présent, soyez dans l'anticipation quand vous savez qu'une grosse journée ou des événements importants vous attendent.

Pause pour papa Bouddha : vous apprenez à repérer des moments clefs avec votre enfant, où vous pourrez puiser une énergie de détente, de déstress, d'apaisement.

Le clown s'endort : un rituel d'endormissement dont vous profiterez pour vous détendre. Une approche de l'automassage utile pour le père et l'enfant.

L'économie des mots : apprenez à parler avec votre corps, à mimer les situations, parfois vous gagnerez du temps, vous vous amuserez et vous garderez votre énergie mentale !

La détente dans les grands magasins : plusieurs manières simplissimes de faire, de ce moment délicat à gérer, une source de détente, de partage. Émotionnellement l'activité sera plus constructive !

Les jeux de pleine conscience : deux propositions de jeux créatifs pour amener votre enfant à revenir dans le temps présent. Profitez de cette pause « retour au calme » en la faisant aussi.

La comptine des passe-partout : la famille passe-partout est un ensemble de pantomimes qui permettent de faire comprendre à votre enfant les expressions de base du langage. Vous évitez ainsi le stress quand vous n'arrivez plus à vous faire comprendre par les mots !

Papa éveil (cartes jaunes)

Participer à l'éveil de votre enfant, c'est créer un éventail de rapports créatifs avec lui et ainsi bénéficier d'une complicité toujours renouvelée. Les activités facilitent la découverte des cinq sens, mais elles aident aussi l'enfant à rester centré, à ne pas s'éparpiller. Comprendre que l'espace peut s'aménager pour vivre mieux lui permet de croire au monde qui l'entoure. La créativité aide à réguler les humeurs, elle fait jaillir une confiance qui ne peut se construire qu'en testant ses zones de confort ou d'inconfort. L'enfant, comme l'adulte, apprend autant de l'échec que de la victoire. L'idée est qu'il continue à découvrir un chemin qui favorise sa croissance et son éveil, quoi qu'il se passe.

Le son voyageur : une manière de découvrir la portée du son et le rythme. C'est aussi un exercice d'attention et de concentration très riche d'informations.

De joyeux coussins : créer des personnages de tissus invite à développer le côté tactile, à créer toute une histoire autour du personnage que pourrait devenir chaque coussin !

Le pouvoir magique de l'eau : une approche pour apprendre à l'enfant à ne pas sombrer dans le négatif, ou tout simplement à exprimer son envie de beauté et de joie !

Le bon goût : apprendre à distinguer les goûts est aussi une manière de parcourir le monde grâce aux épices ou aromates. Il est plus facile ensuite de proposer une alimentation variée plutôt qu'industrielle.

Le bain musical : faire du bain un atelier des sens, c'est possible et même souhaitable pour éviter le défouloir ! Une occasion aussi d'initier l'enfant à un vrai moment de relaxation.

La marche zen avec votre enfant : un moment d'échange très amusant, où votre enfant découvre la motricité en s'imaginant être un athlète ou un animal paresseux.

Papa et l'enfant communiquent (cartes roses)

Aménager des moments de complicité uniques, c'est aussi vouloir se connaître plus profondément. Stimuler son enfant est important mais cela doit toujours se faire dans la bienveillance. Le principe est de développer un sentiment de paix quand tout peut bouger autour de soi. Cette relation va vous autoriser à aller puiser dans votre propre jardin secret, vos attentes, vos envies et cela se traduira aussi dans le quotidien. L'importance de la communication revêt ici tout son sens. D'ailleurs, pensez toujours à parler distinctement, pas trop vite. Dans les premiers âges, le son peut heurter l'enfant, l'angoisser s'il est intraduisible au niveau émotionnel. Idem dans votre attitude physique : régulez votre nervosité, évitez les gestes trop soudains. Les trois premières années de l'enfant, il est difficile de savoir comment il interprète ces comportements simples du quotidien.

La mémoire familiale : une manière d'apporter un cadre à votre enfant, qui a besoin de repères, d'enracinement. Cette activité vous permet de vous confier sur vos rapports avec des parents proches ou éloignés.

La banderole de la joie : l'approche joyeuse de la vie s'apprend très tôt. Cette activité renforce le regard positif sur le quotidien.

L'enfant en voiture : il est proposé ici de faire du voyage en voiture, une découverte sans cesse renouvelée de tout ce qui entoure l'enfant, à l'intérieur de l'auto comme à l'extérieur.

La sieste pour tous : un rituel très créatif met à profit les qualités de conteur de papa, qui peut créer et renouveler son bagage d'histoires. L'enfant adore ce type d'échange dans lequel il reste le centre d'intérêt !

Revenir au centre : même si votre enfant part dans tous les sens, c'est possible ! Le retour à la concentration, « rentrer » dans son corps se développent ici avec de simples pâtes à modeler.

L'enfant conteur : votre enfant va reproduire ce que vous faites pour lui sans les mots mais par une expression corporelle créative. Un lien expressif direct très doux entre vous deux.

Conclusion

De 0 à 7 ans, les bases de la personnalité se construisent. D'où l'importance de comprendre votre « job » rapidement ! Être père, ce n'est pas un moule dans lequel vous devez vous fondre, c'est un chemin de vie, le vôtre, associé à celui de votre enfant. Bien sûr le côté efficace se doit d'être là, mais votre part d'enfant, de rêve doit aussi s'épanouir. Un papa a le droit d'être heureux et, pour cela, des moments pour son couple sans les enfants sont à préserver. Il y a papa seul avec son enfant, et papa et maman ensemble. Et puis il y a papa qui a déjà des enfants mais qui cherche à s'investir plus profondément qu'auparavant avec eux. Il existe aussi le papa des familles recomposées, qui fait face à des enfants qui ne sont pas les siens ! Papa, c'est un univers certes sans limite et évolutif, mais c'est avant tout un jardin ! Toutes les graines de sagesse et de compréhension qu'il sème se doivent d'être entretenues quotidiennement. Parfois les récoltes sont difficiles à obtenir, et le réconfort ne vient que tardivement... Il y a des retours d'éducation riches, et d'autres plus pauvres. Mais il ne peut y avoir de jachère ! Ne soyez pas trop dans l'exigence pour vous-mêmes, dans la culpabilité encore moins. Pareillement, ne fixez pas d'objectifs trop difficiles à votre enfant, il est nécessaire qu'il pleuve ou qu'il vente pour apprendre toutes les facettes de la vie. Votre enfant et son caractère seront votre maître à penser et à faire. Alors, avancez sur votre chemin d'apprenti en gardant la foi !